BEI GRIN MACHT SICH IHR WISSEN BEZAHLT

- Wir veröffentlichen Ihre Hausarbeit, Bachelor- und Masterarbeit

- Ihr eigenes eBook und Buch - weltweit in allen wichtigen Shops

- Verdienen Sie an jedem Verkauf

Jetzt bei www.GRIN.com hochladen und kostenlos publizieren

Bibliografische Information der Deutschen Nationalbibliothek:

Die Deutsche Bibliothek verzeichnet diese Publikation in der Deutschen National-
bibliografie; detaillierte bibliografische Daten sind im Internet über http://dnb.d-
nb.de/ abrufbar.

Impressum:

Copyright © 2018 GRIN Verlag
Druck und Bindung: Books on Demand GmbH, Norderstedt Germany
ISBN: 9783668841819

Dieses Buch bei GRIN:

https://www.grin.com/document/450225

S-M. T.

Marketing für ein Gesundheitsstudio

Marketingbeschreibung, -analyse und -planung

GRIN Verlag

Deutsche Hochschule für

Prävention und Gesundheitsmanagement

Hermann Neuberger Sportschule 3

66123 Saarbrücken

Hausarbeit (kollektive Prüfungsleistung)

Studiengang	**Bachelor of Art Fitnesstraining**
Datum Präsenzphase	**27.08.2018 - 29.08.2018**
Studienort	**Frankfurt - Eschborn Süd**
Gruppe bzw. zu bearbeitende Stadt	**Dresden**
Unternehmenstyp*	**Gesundheitsstudio**

* abhängig von Prüfungsleistung: jeweils den zu bearbeitenden „Unternehmenstyp" eintragen

Inhaltsverzeichnis

1 Marktbeschreibung/ -analyse

In diesem Kapitel, wird eine Marktanalyse durchgeführt. Die Texte und Darstellungen geben Informationen über das Unternehmen, die Positionierung im Markt und die Wettbewerber.

1.1 Allgemeine Informationen über den Unternehmenstyp

Die Marktanalyse wird für ein ca. 1700qm großes Gesundheitsstudio durchgeführt. In dem Studio sollen Fitnesstrainer, Physiotherapeuten und eine Studioleitung angestellt sein, um eine optimale Strukturierung der Unternehmensabläufe, sowie eine individuelle Kundenbetreuung gewährleisten zu können. Öffnungszeiten sind von 06-22 Uhr angesetzt.

1.1.1 Hauptzielgruppe

Die auftraggebende Unternehmensgruppe möchte weiter expandieren, somit soll ein Konzept für ein Studio in der Stadt Dresden erstellt werden. Hier wurde zuerst der Standort in der Altstadt festgelegt. Die Hauptzielgruppe wird nun aus den Menschen, die dort angetroffen werden festgelegt und aus der Marktlücke an diesem Standort.

Tab. 1: Hauptzielgruppen

Hauptzielgruppe	Merkmale
→ Ü30 zur Gesundheitswiederherstellung / mit Einschränkungen	- männlich und weiblich - mittlere Erwachsenenalter und älter - Lebensqualität eingeschränkt durch: Krankheit, Verletzung, Bewegungsmangel - oft sitzende Berufe - kommen aus/ suchen Rehabilitation und/oder Physiotherapie - suchen Problemlösungen - Bedarf an Fachkompetenz und individueller Betreuung (Gesundheitsbereich und Fitnessbereich) - schätzen ruhigere, ordentliche Atmosphäre
→ Ü30 zur Gesundheitserhaltung oder zur Gesundheitsverbesserung	- männlich und weiblich - mittlere Erwachsenenalter und älter - möchten Gesundheit, Fitness, Wohlbefinden erhalten (Präventivsportler) - suchen Ausgleich nach Feierabend - Bedarf an Fachkompetenz (Gesundheitsbereich und Fitnessbereich) - schätzen ruhigere, ordentliche Atmosphäre - nutzen Studio auch zur Kontaktknüpfung Gleichgesinnter

1.1.2 Positionierung

Anschließend an die Zielgruppendefinition eines Unternehmens, muss die erwünschte Positionierung in den Köpfen der Kunden festgelegt werden. Hier wird überlegt, wie die Leistung des Anbieters im Verhältnis zur Konkurrenz aus der Kundensicht wahrgenommen wird.

Die in 1.1.1 genannten Zielgruppen, sollen in dem Gesundheitsstudio ein umfangreiches, hochwertiges Angebot mit qualifiziertem Personal sehen. Da sich die Wünsche des Menschen immer mehr dahingehend entwickeln, möglichst viel an einem Ort zu haben, bietet das Studio Bewegungs-, Fitness-, Kurs-, Wellness- und Therapieangebote. Leitgedanken und Slogans des Studios sollen bei Kunden ein Gefühl der Motivation und gleichzeitig des "gut-aufgehoben-sein" erwecken. Gedanken wie: „Gesund bewegen, für ALLE", „Schmerzfrei durch den Alltag", „Behandlung und Spaß in Kursen mit Freunden - an einem Ort", sowie „Fitness – direkt auf dem Weg" sollen sich manifestieren und Weiterempfehlungswerte sein.

1.1.3 Klassische marketingpolitische Instrumente

Tab. 2: Marketingpolitische Instrumente des Gesundheitsstudios

Instrument	Beschreibung	Bezug Studio	
Produkt- und Programmpolitik	Alle Entscheidungen, die sich auf die Gestaltung, der auf dem Absatzmarkt angebotenen Leistungen beziehen (Meffert et al. 2012, S. 385).	Hauptangebote:	Weitere Leistungen:
		→ Gruppentraining → Beratung/ Coaching → Individualtraining	Siehe Abb. 1 unten
Kontrahierungspolitik (Preis)	Alle Entscheidungen über das Entgelt des Leistungsangebotes, sowie Konditionen, Rabatte oder Liefer- und Zahlungsbedingungen (Dunker 2006, S. 31).	Basic-Verträge: 12 Monate: 55€/ Monat 18 Monate: 50€/ Monat 24 Monate: 45€/ Monat Special: Fit-in-den-Tag 12 Monate: 35€/ Monat Trainingszeiten: Mo.-Fr. von 06-14 Uhr Zahlung erfolgt: - bis zum 3. Werktag eines Monats - Vorauszahlung von 12 Monaten möglich	Rabatte: Anmeldung mit eine Partner: -5€/ Vertrag Schüler/ Student: -5€/ Vertrag (mit Nachweis) Starterpaket: 80€/ Neukunde inkl. Mitgliedsausweis inkl. Anamnese inkl. Trainingsplan und vierteljährigen Aktualisierungen
Distributionspolitik	Alle Entscheidungen, die im Zusammenhang mit der Dienstleistung vom Ort ihrer Entstehung, unter Überbrückung von Raum und Zeit, zum Endabnehmer stehen (Nieschlag et al. 2002, S.881).	- alle Dienstleistungen entstehen am Standort des Studios - Kurse und Trainingsstunden werden live von Trainern gegeben (Kunde immer einbezogen) - Niederlassung (direkter Absatz) in 1.2 genauer beschrieben und begründet - Eigenlager im Gebäude für Marketinglogistik - Vertragshändler, Franchising (indirekter Absatz)	

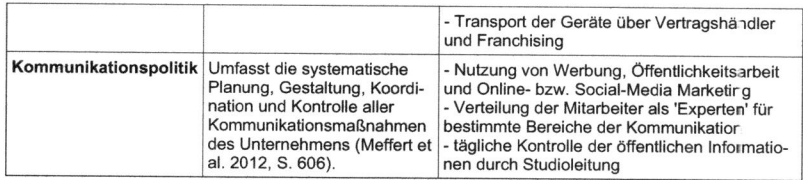

Kommunikationspolitik	Umfasst die systematische Planung, Gestaltung, Koordination und Kontrolle aller Kommunikationsmaßnahmen des Unternehmens (Meffert et al. 2012, S. 606).	- Transport der Geräte über Vertragshändler und Franchising
		- Nutzung von Werbung, Öffentlichkeitsarbeit und Online- bzw. Social-Media Marketing - Verteilung der Mitarbeiter als 'Experten' für bestimmte Bereiche der Kommunikation - tägliche Kontrolle der öffentlichen Informationen durch Studioleitung

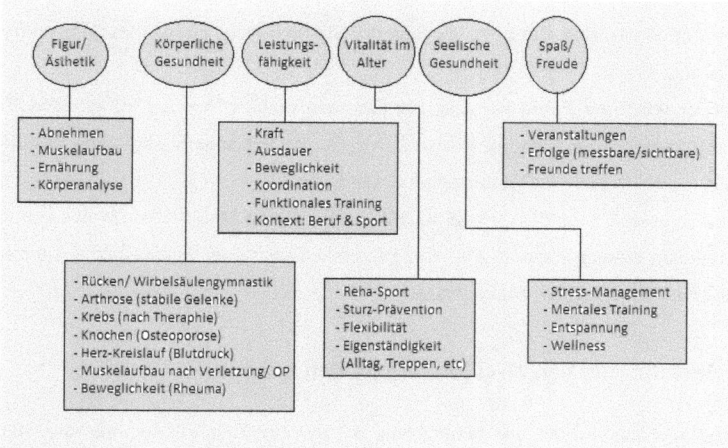

Abb. 1: Produkt- und Programmpolitik

1.2 Lage und Standort des Unternehmens

Das Studio wird in der inneren Altstadt, in der Wallstraße 11 in 01067 Dresden, eingerichtet. Die Entscheidung ein Gesundheitsstudio hier zu eröffnen fiel leicht, die Begründungen hierzu folgen in den weiteren Abschnitten.

In diesem Stadtteil und engerem Umkreis, existieren bisher hauptsächlich Personal Training Angebote oder reine Krafttrainingsstudios. Die gesundheitliche Studio-Ausrichtung, wo auch Kurse oder ähnliches angeboten werden, ist hier nicht stark vertreten. Somit ist die Konkurrenz für diesen Unternehmenstyp gering. Des weiteren liegt die innere Altstadt sehr nah an der Elbe und im Umfeld sind viele Parks und Geschäfte, welche größere Menschenmassen anzieht, als beispielsweise ein Industriegebiet.

Die Bevölkerungsdichte verhältnismäßig niedrig, da die Grundstücke fast ausschließlich als Gewerbefläche genutzt werden. Dies passt allerdings zum Studiotyp, da gerade Büroarbeiter oft gesundheitliche Beschwerden haben oder präventiv einen Ausgleich zum

Bürojob suchen. Die Kunden können also in der Mittagspause oder direkt vor/nach der Arbeit im Studio ihr tägliches Workout absolvieren und brauchen keine extra Wege zum Studio einlegen. Auch kann Firmenfitness angeboten werden.

Auch existiert durch die hohe Hoteldichte ein großer Tourismus für die Tages- oder 10er Karten angeboten werden können. Gerade die Kurse sind bei solchen Gästen beliebt.

Parkplatzmöglichkeiten gibt es zu genüge, der Stadtteil weist ein dichtes Netz an Tiefgaragen auf.

Ein letzter wichtiger Punkt ist, dass ebenfalls ein dichtes Netz an öffentlichen Verkehrsmitteln an diesem Standort existiert. Der wichtigste Knotenpunkt ist der Postplatz, welcher innerhalb von vier Minuten zu Fuß erreichbar ist.

Zusammenfassend kann also gesagt werden, dass es eine Marktlücke für das Gesundheitsstudio an diesem Standort gibt, eine passende Zielgruppe, welche zahlen kann und die gute Erreichbarkeit der Adresse gegeben ist.

1.3 Bestimmung von zwei Marktgebieten

Die Marktgebiete wurden, wie vorgegeben, mit der Zeit-Distanz-Methode ausgewählt. In den unteren grafischen Darstellungen sieht man einmal beide Marktgebiete (Abb.2) und einmal eine Nahaufnahme (Abb.3) von den beiden stärksten Mitbewerbern.

Das Marktgebiet 1 (5-7 min Anfahrtszeit) wurde lila und das Marktgebiet 2 (12-15 min Anfahrtszeit) wurde rot dargestellt.

Der untere blaue Pfeil zeigt den Standort des zu errichtenden Gesundheitsstudios an (Wallstraße 11, 01067 Dresden), der orange Pfeil darüber zeigt das Dresdner Rückenzentrum an (Wilsdrufferstr. 27, 01067 Dresden) und der oberste Pfeil zeigt das John Reed Fitnessstudio an (kleine Brüdergasse 1-5, 01067 Dresden).

Zur besseren Erkennbarkeit wurden zwei Abbildungen angefertigt und die Marktgebietränder leicht abgeschnitten. In Abb.2 wurde der Maßstab von 1km verwendet (unten links im Bild) und in Abb.3 von 100m (unten links im Bild).

Abb. 3: Marktgebiete 1 und 2 (Quelle: OpenStreetMap)

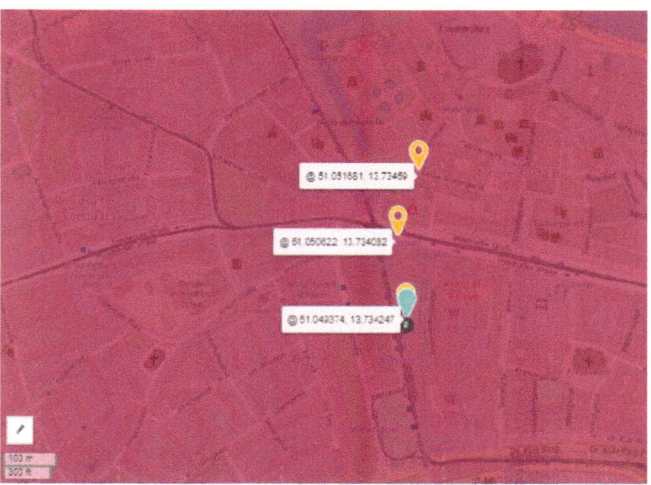

Abb. 2: Die Hauptkonkurrenz

7

1.4 Makroumfeldanalyse und Abschätzung des Marktpotenzials

Im folgenden wird die Kaufkraft, die Arbeitslosenquote und die Altersverteilung der Stadt Dresden dargestellt. Außerdem die Einwohnerzahl der für das Gesundheitsstudio relevanten Marktgebiete. Recherchiert wurden alle Zahlen in verschiedenen Abschnitten der Dresdner Statistiken, welche online einzusehen sind. Die Links hierzu sind im Literaturverzeichnis zu finden.

Die Kaufkraft: In Dresden lag 2018 die Kaufkraft pro Einwohner bei 20.905 €, in Promille bei 6,040 und in der Summe bei 11.439 Mio EUR (Quelle: GfK GeoMarketing GmbH).

Die Arbeitslosenquote: Insgesamt gab es Ende 2017 in Dresden 17.720 Arbeitslose, das entspricht einem Prozentsatz von 5,1 % der 18- 64 Jährigen. Hiervon waren 7.400 weiblich und 10.320 männlich (Quelle: Statistik der Bundesagentur für Arbeit und Kommunale Statistikstelle)

	I. Quartal 2016	II. Quartal 2016	III. Quartal 2016	IV. Quartal 2016	I. Quartal 2017
	Anzahl (darunter weiblich)				
Bevölkerung am Ort der Hauptwohnung[1]	548 553 (50,3%)	549 487 (50,2%)	550 760 (50,2%)	553 036 (50,1%)	552 856 (50,1%)
davon im Alter von ... bis ... Jahren					
0-2	18 091 (49,1 %)	18 219 (48,8 %)	18 267 (48,7 %)	18 358 (48,6 %)	18 394 (48,8 %)
3-5	16 874 (48,9 %)	16 907 (48,8 %)	16 989 (48,6 %)	17 035 (48,5 %)	17 094 (48,5 %)
6-9	20 178 (49,7 %)	20 435 (49,1 %)	20 514 (49,2 %)	20 789 (49,1 %)	20 943 (49,2 %)
10-14	20 768 (49,1 %)	20 942 (48,7 %)	21 234 (48,7 %)	21 467 (48,7 %)	21 735 (48,8 %)
15-17	11 569 (47,9 %)	11 731 (47,3 %)	11 936 (47,2 %)	12 053 (47,2 %)	12 009 (47,1 %)
18-24	42 793 (46,8 %)	42 332 (47,3 %)	42 604 (47,3 %)	43 833 (47,2 %)	43 265 (47,2 %)
25-29	52 701 (46,2 %)	52 119 (46,7 %)	51 369 (46,8 %)	50 768 (46,9 %)	49 967 (46,8 %)
30-44	116 855 (46,9 %)	117 301 (46,7 %)	117 759 (46,7 %)	118 187 (46,8 %)	118 652 (46,8 %)
45-59	100 652 (48,9 %)	101 069 (48,7 %)	101 327 (48,7 %)	101 628 (48,6 %)	101 904 (48,5 %)
60-64	30 073 (52,8 %)	29 832 (53,3 %)	29 624 (53,1 %)	29 416 (53,0 %)	29 235 (52,8 %)
65-74	53 980 (54,7 %)	53 587 (55,1 %)	53 027 (55,2 %)	52 762 (55,2 %)	52 607 (55,3 %)
75-84	48 419 (57,9 %)	49 220 (56,9 %)	50 165 (56,9 %)	50 669 (57,0 %)	51 049 (56,9 %)
85 und älter	15 600 (70,2 %)	15 793 (69,3 %)	15 545 (69,1 %)	16 071 (68,9 %)	16 002 (68,7 %)
darunter Ausländer	34 209 (42,4 %)	35 266 (42,4 %)	35 586 (42,2 %)	37 400 (42,3 %)	38 069 (42,4 %)
Ausländeranteil	6,2 %	6,4 %	6,5 %	6,8 %	6,9 %
davon im Alter von ... bis ... Jahren					
0-17	4 376 (44,7 %)	4 634 (45,1 %)	4 851 (44,6 %)	5 227 (44,7 %)	5 438 (45,9 %)
18-24	6 113 (36,3 %)	6 261 (36,3 %)	6 313 (35,6 %)	6 677 (35,8 %)	6 571 (35,6 %)
25-39	14 361 (43,3 %)	14 706 (43,3 %)	14 995 (43,4 %)	15 435 (43,4 %)	15 804 (43,2 %)
40-59	7 421 (42,7 %)	7 729 (42,7 %)	7 857 (42,9 %)	8 060 (42,8 %)	8 214 (42,8 %)
60 und älter	1 908 (47,5 %)	1 936 (46,9 %)	1 970 (46,4 %)	2 001 (46,5 %)	2 042 (46,2 %)
Bevölkerung am Ort der Nebenwohnung[1]	5 496	5 381	5 410	5 563	5 464

Abb. 4: Die Altersverteilung der Stadt Dresden (eigene Darstellung, Quelle: Dresden/ Statistik)

Die Altersverteilung: Das Durchschnittsalter liegt bei 42,9 Jahren. Eine aufgeschlüsselte Altersverteilung ist aus folgender Abbildung zu entnehmen.

Einwohnerzahlen:

Im Marktgebiet 1 (MG1) leben 199.851 Personen in einem Einzugsgebiet von 7 Minuten um die Wallstraße 11 (01067 Dresden) herum (Quelle: Maps.openrouteservice.org).

Im Marktgebiet 2 (MG2) leben 446.400 Personen in einem Einzugsgebiet von 15 Minuten um die Wallstraße 11 (01067 Dresden) herum (Quelle: Maps.openrouteservice.org).

Tab. 3: Bevölkerung nach Stadtteilen (eigene Darstellung, Quelle: Dresden/Statistik)

Marktgebiet 1		Marktgebiet 2			
Stadtteil	Einwohner	Stadtteil	Einwohner	Stadtteil	Einwohner
OA Altstadt	57.985	OA Prohlis	58.028	Bannewitz	10.684
OA Neustadt	50.871	OA Leuben	39.270	Radebeul	33.826
OA Pieschen	53.532	OA Klotzsche	31.186	Gompitz	3.272
Striesen-Ost	15.418	OA Loschwitz	33.586	Laubegast	12.136
Striesen-Süd	11.743	Blasewitz	10.308	Mockritz	7.367
Striesen-West (zu 80% im MG1)	10.302	Tolkewitz	11.378	Leubnitz-Neuostra	14.087
		Seidnitz	13.473	Briesnitz	10.974
		Gruna	13.317	OA Cotta	86.337
		OA Plauen	57.413		

MG 1 wird mit 100 % gewertet → 199.851 Personen

MG 2 wird mit 70% gewertet → 446.400 x 0,7 = 312.480 Personen

Im gesamten Marktgebiet leben also (199.851+312.480) = 512.331 Personen.

Es wird mit einem Marktpotenzial von 12% kalkuliert: 512.331 x 0,12 = 61.479.72

Im zu betrachtenden Marktgebiet beträgt das Marktpotenzial demnach 61.479,72 Personen.

1.5 Wettbewerbsanalyse

Tab. 4: Darstellung und Vergleich der zwei stärksten Mitbewerber

	1. Mitbewerber: John Reed Fitness Dresden	2. Mitbewerber: Dresdner Rückenzentrum
Produktpolitik	- Freihanteltraining - live& Cyber Kurse - live DJ - Club Radio - Bootcamp - außergewöhnliches Design - for women only Bereich	- FPZ Konzept (integrierte funktionelle Rückenschmerztheraphie) - Lasertherapie - Massagen - Kinesio-Tape - Gesundheitstraining - Physiotheraphie - Muskelfunktionsanalysen - Präventionskurse - Rückenschule

Positionierung	- Einzigartige Atmosphäre: „lauter, besser, anders" - „leben Fitness, lieben Musik". - Sehr fokussiert auf Bodybuilding und Design - Clubatmosphäre	- „bringen Dresden gesund in Bewegung" - „Bewegung für jung & alt"; „Dresden den Rücken stärken" - Fokus auf Rückentraining - ruhige Atmosphäre
Zentrale Stärken	- hohe Motivation durch Musik & lebhafte Kurse/ Gruppenworkouts - europaweite Präsenz	- betriebliches Gesundheitsmanagement wird angeboten: Kooperation mit Unternehmen, Seminarangebote → damit können AU-Tage gesenkt werden - qualitativ hoch ausgebildete Trainer/ Physiotherapeuten → intensive Betreuung während Training & Kurse
Zentrale Schwächen	- Ablenkung ist evtl. zu hoch durch Musik & Design (Verletzungsgefahr) - kein hoher Wert auf persönliche Beratung (→ muss extra gezahlt werden)	- unübersichtliche Internetpräsenz: sehr fachliche Angebote/ keine Preis-& Terminformation - sehr spezifiziert auf Rückentraining, → Eindruck von Einseitigkeit/ kein Ausgleich mit allen Muskelgruppen
Vergleich zum eigenen Studio	- bisher nur nationale Präsenz - hohe Konzentration möglich - Fokus auf Training und Kunden, nicht auf Design - viel persönliche Beratung, Betreuung und Kundenkontakt + Motivation bei beiden hoch, aber im eigenen durch Trainer	- kein betriebliches Gesundheitsmanagement - Schulungen auch für Servicebereich (Qualität überall hochhalten) + beide kooperieren mit Unternehmen (Firmensport) + qualitative Trainer bei beiden Studios + gesundheitsorientiert, aber eigene Studio etwas breiter gefächert für verschiedene Probleme (nicht den Fokus auf Rücken)

2 Marketingplanung

2.1 Budgetplanung

Zur Unternehmenseröffnung muss eine Budgetplanung erfolgen. Das Jahresmarketingbudget für das erste Geschäftsjahr wird im Folgenden anhand der Methode „Marketingkosten pro Neukunde" berechnet. Einbezogen sind die Erfahrungswerte der Unternehmensgruppe.

- erfahrungsgemäße Marketingkosten → 40€/ Neukunde
- geplante Mitgliederanzahl nach 1. Jahr → 700 Mitglieder (MG)
- 700 MG x 40€ = 28.000€ Jahresmarketingbudget

Somit liegt das **Jahresmarketingbudget bei 28.000€** für das erste Geschäftsjahr.

2.2 Kommunikationspolitik

2.2.1 Instrumente der Kommunikationspolitik

Tab. 5: Ausgewählte Instrumente der Kommunikationspolitik (eigene Darstellung)

Instrument	Begründung
Werbung	- Aufbau des Unternehmensimages - Bekanntmachung unserer Produkte & Leistungen im Marktgebiet - Informationen über Funktion, Kosten, Nutzen und Einsatzmöglichkeiten unserer Produkte & Leistungen - hohe Streubreite möglichs - große Einsatzmöglichkeiten - Bereitstellung von Kaufargumenten
Öffentlichkeitsarbeit	- Beziehung zwischen Studio und Zielgruppe gestalten und pflegen - Unternehmensimage pflegen - Anerkennung & Vertrauen in der Öffentlichkeit aufbauen → fördert Verkauf von Unternehmensleistungen - Aufzeigen der Sozial- und Gesellschaftsbezogenheit - Erhöhung der Bekanntheit in der Zielgruppe - Verständnis- und Sympathieaufbau → Krisenfestigkeit
Social-Media-/ Onlinemarketing	- hohe Beliebtheit in allen Zielgruppen heutzutage - schnelle Weiterleitung von Informationen - große Erreichbarkeit - Quelle für neue Ideen und Weiterentwicklungen - Bekanntheit erhöhen - Anreize viral verteilen - einfache Integration der Kunden - oft kostengünstig - virtuelle Vorschau in das Studio

2.2.2 Konzept für die Vermarktungskampagne

Tab. 6: Ablauf Vermarktungskampagne

Ziel der Kampagne	- Bekanntmachung des Studios - Viele Menschen der angestrebten Zielgruppe erreichen - Positionierung „Gesund bewegen - für ALLE" - positives Unternehmensimage aufbauen (Wert auf Mundpropaganda) - Neukundengewinnung
Inhalt der Kampagne	- Werbemittel verwenden: Plakate und Banner an Plätzen aufhängen, wo sich die Zielgruppe oft aufhält (Bürogebäude, Ärzte, am Studio selbst, Bahnen) - Anzeigen, Flyer, und weitere Mittel verwenden, um eine hohe Aufmerksamkeit und Interesse zu erwecken → breit gefächerte Präsenz - schriftliche Mittel nach AIDA gestalten - Zeitungsanzeige schalten und zum spontanen Walk-In einladen - eigene Website mit Social-Media-Kanälen verlinken und hier Studio, Mitarbeiter, Positionierung und Konzept darstellen → Vertrauen aufbauen, Gefühl von Offenheit, Sympathie, Ehrlichkeit - Öffentlichkeitsarbeit leisten, um direkten Kundenkontakt aufzubauen (Tag der offenen Tür, Beratung in Fußgängerzone, Präsenz auf Stadtteilfesten u.ä.) - Rabatten im ersten Anmeldemonat anbieten
Zeitliche Organisation	- Im ersten Schritt die Onlinepräsenz fertigstellen (Website), da auch die Flyer und Banner auf die Website verweisen → 12 Wochen vor Eröffnung - In den Social-Media-Kanälen Fotos und Videos vom Studio und Personal, sowie Leistungen posten und beschreiben, um eine erste Präsenz zu garantieren und

	Aufmerksamkeit zu erregen → 8 Wochen vor Eröffnung - Plakate, Banner, Flyer verteilen / aufhängen, um explizit im Zielgruppenbereich Interesse zu wecken → 6 Wochen vor Öffnung - Öffentlichkeitsarbeit in näherer Umgebung leisten → 4 Wochen vor Eröffnung - Zeitungsartikel in der Sonntagszeitung schalten → 1 x 2 Wochen und 1x 1 Woche vor Eröffnung
Überprüfung des Erfolgs	- Soll-/ Ist- Abgleich → Zielsetzungen erreicht? - Plan-Kosten und Ist-Kosten vergleichen - Zahlen, Daten und Fakten genau auflisten und analysieren - Wie viele Neukunden? - Anzahl Besucher der Website - Likes und Reaktionen in Social-Media-Kanälen - Google-Bewertungen - Feedback einholen → gleichzeitig Kundennähe weiter pflegen

2.3 Werbeplanung

Zur Verfügung stehen 20% des Jahresmarketingbudgets (28.000€) als Werbebudget:

28.000€ x 0,2 = **5.600 € Werbebudget**

Folgende Werbemittel wurden ausgewählt, da sie mit dem Werbebudget von 5.600€ realisiert werden können und die Zielgruppe größtmöglich erreichen werden. Die Werbung in den Social-Media-Kanälen wird selbst betrieben wird und schlägt somit nicht auf das Werbebudget nieder.

Tab. 7: Ausgewählte Werbemittel (eigene Darstellung)

Werbemittel	Werbeträger	Begründung
Anzeigen	Wochenend-Kombi (Sächsische Zeitung, Regionalausgabe Dresden)	- am Wochenende wird die Zeitung intensiver gelesen - zwei gedruckte, qualitativ hohe Anzeigen - hohe Erreichbarkeit der Zielgruppe im Marktgebiete - Zielgruppe wird angesprochen (Ü30), da Medium bekannte - Anzeige nach AIDA aufbauen
Plakate/ Banner	Banner an Studiowand aufhängen, Plakate in der Umgebung	- kostengünstig - erregt hohe Aufmerksamkeit - Verweildauer ca. 6 -8 Wochen - wiederholtes Sehen prägt sich besser ein - visuelle Erregung
Flyer	Arztpraxen, Supermärkte, Apotheken	- kostengünstig - große Streubreite - wiederholtes Sehen prägt sich besser ein - visuelle Erregung

2.4 Kostenkalkulation / Budgetvergleich bei der Werbeplanung

Tab. 8: Kostenkalkulation (eigene Darstellung)

Geplante Werbemaßnahmen	Realisationsschritte	Kostenkalkulation (Brutto)
Zwei Anzeigen in der Wochenendausgabe der Sächsischen Zeitung, Ausgabe Dresden	- interner Entwurf der zwei Anzeigen im JPEG-Format durch Mitarbeiter - Absegnung durch Filialleitung - die erste Anzeige wird zwei Wochen vor Öffnung geschaltet - die zweite Anzeige wird eine Woche vor Öffnung geschaltet	- farbig (mm-Preis): 200mm x 8,01€ = **1.602€** - 2 Anzeigen: **3.204 €** - Personalkosten (Entwurf und Kontakt mit Zeitung): 1 Person x 4 Stunden x 12€/Std. = **48 €**
Plakat/ Banner	- interner Entwurf (wie bei Anzeigen) - Standard Mesh Banner bestellen auf Bannerheld.de - Plakate bei Flyeralarm.com bestellen - Banner sofort an der Fassade des Studios aufhängen - Plakate werden 6 Wochen vor Öffnung aufgehängt	- 1 Banner 2m² = **58,00 €** - 300 Plakate DIN A1 = **87,01€** - Personalkosten (Entwurf: 1 Person x 4 Stunden x 12€/Std. = **48 €** - Plakate aufhängen: Personalkosten (2 Minijober) → (8 Std. x 8,84€/Std.) x 2 = **70,72 €** - Plakatierungsgenehmigung der Stadt Dresden: 1€/ Tag → 42 Tage x 1€ = **42€**
Flyer	- interner Entwurf (wie bei Anzeigen & Plakate) - Flyer bei Flyeralarm.com bestellen - Flyer werden 6 Wochen vor Öffnung verteilt	- 5.000 Flyer = **100,35€** - Personalkosten (Entwurf: 1 Person x 4 Stunden x 12€/Std. = **48 €** - Flyer verteilen: Personalkosten (2 Minijober) → (8 Std. x 8,84€/Std.) x 2 = **70,72 €**
Gesamtkosten		3.776,8 €
Puffer		1.823,2 €

Die aufgeführte Werbeplanung ist noch nicht vollständig ausgereift und aufgrund der fehlenden Erfahrung zu grob und klassisch aufgestellt. Es fehlt ein Eye-Catcher oder etwas besonderes, was dieses Studio von anderen abhebt. Etwas, das den potenziellen Mitgliedern direkt positiv auffällt, wenn sie Werbung von diesem Studio sehen. Dazu ist noch einiges an Budget-Puffer übrig, mit dem gearbeitet werden kann.

Daher werden nun noch zwei Optimierungsmöglichkeiten aufgeführt. Vor dem Start der Kampagne sollten diese noch mit einfließen und das Konzept nochmal überarbeitet werden. Hilfreich wäre es zum Abschluss, jemand Erfahrenes das Konzept Kontrolllesen zu lassen.

Die erste Optimierung beschließt die Fotos von Mitarbeitern und vom Studio von externen Fotografen machen lassen, so sehen sie professioneller und ideenreicher aus. Der erste Eindruck zählt und da viele Interessenten sich zuerst die Website und Social-Media-Kanäle anschauen werden, können perfekte Fotos hier eine sehr wichtige Rolle spielen. Da ein Werbebudget von 1.823,20€ noch über ist, kann hiervon ein Fotograf für eine gute Stunde, sowie die Bildbearbeitung bezahlt werden.

Eine weitere Optimierung: Die Öffentlichkeitsarbeit muss genauer durchgeplant werden. Spontane Werbeaktionen in Fußgängerzone sind einfach und kostengünstig zu organisieren (2 Minijober: (8 Std. x 8,84€/Std.) x 2 = 70,72 €). Hierbei können z.b. Lose verteilt werden mit Gewinnen, wie ein VIP-Probetraining mit Trainer, Saunabesuch, Getränken, etc.. Eine konkretere und längere Planung bedarf ein vorheriger Tag der offenen Tür zur Studio-Besichtigung, sowie einen Stand auf einem Stadtteilfest oder Wochenmarkt. Diese Aktionen sind noch effektiver, persönlicher und professioneller und das Studio kann im Kundenkontakt von sich überzeugen.

2.5 Synergieeffekte im Rahmen der Kommunikationspolitik

Die verschiedenen Studios der Unternehmensgruppe bewirken zusammen einige attraktive Effekte.

Gemeinsame Firmenfitnessprogramme können ausgearbeitet und angeboten werden, wie z.b. Hansefit oder Interfit. So können Mitglieder über den Arbeitgeber gewonnen werden und in den verschiedenen Studios trainieren.

So kann der Nachteil, dass eine Aggregation nicht möglich ist, etwas ausgeglichen werden. Da ein Frauenstudio dabei ist, kann nämlich nicht jedes Mitglied in jedem Studio der Unternehmensgruppe (UNG) trainieren. Die Zielgruppe ist bei allen Studios allerdings ähnlich und so besteht die Möglichkeit über das Firmenfitnessprogramm die verschiedenen Studioarten kennenzulernen und zu nutzen.

Desweiteren können Kooperationen mit Rehakliniken oder Supermärkten und ähnliches für diverse Vorteile sorgen. Die Rehakliniken können beispielsweise die Studios der Gruppe mit auf ihre Empfehlungsliste nehmen und das Studio kann bei Verletzungen o.ä. auf die Kliniken verweisen. Wenn an der Theke nach einem Kurs oder Saunagang frisches Obst angeboten wird, kann daneben die Werbung des Supermarktes aufgestellt werden.

Die UNG kann eine gemeinsame Website mit Verlinkung zu den einzelnen Studios und sozialen Netzwerken erstellen und hier Zeit und Kosten einsparen. Auch bei den Zeittungsanzeigen, Plakaten und Flyern sollten die gleichen Anbieter genutzt werden und eventuell Kooperationen erstellt werden.

Um mehr Übersicht und Einheit zu schaffen, können gemeinsame Aktionen und Events (z.b. Fitneswoche) und Angebote geplant werden. Dazu könnte auch eine gleiche Vertragsgestaltung gehören, von den Laufzeiten her und dem Design z.B..

Um weitere Kosten einzusparen, sollten Bestellungen (Nahrungsergänzungsmittel, Getränke, etc.) gemeinsam aufgegeben werden, wenn mehrere Studios der UNG einen gemeinsamen Standort haben.

All dies ist nur möglich und sinnvoll, wenn es Ziel der UNG ist sich als gemeinsames Unternehmen darzustellen und unter den einzelnen Studios zusammengearbeitet werden soll.

3 Abschlussstatement

Die Stadt Dresden ist für die Unternehmensgruppe (UNG) durchaus geeignet. Attraktiv ist, dass die Kaufkraft gestiegen und die Arbeitslosenquote gesunken ist. Des weiteren ist der Altersdurchschnitt optimal für die angestrebten Zielgruppen.

Effektive Risiken für die UNG an sich gibt es an diesem Standort keine. Werden allerdings alle Studios an den bisher gewählten Standorten realisiert, dann liegen sie alle recht zentral und haben somit ein ähnliches Einzugsgebiet, wobei dennoch ein recht großes Marktgebiet abgedeckt wird. Auch haben die geplanten Studios eine ähnliche Zielgruppe in Aussicht, was dazu führen kann, dass sie sich potenzielle Mitglieder abwerben. Hier kann aber durch die Kooperation bzw. Aggregation entgegengewirkt werden.

Chancen der UNG in Dresden sind, dass es durch die verschiedenen Schwerpunkte der Studios sehr breit aufgestellt ist und so mit einem vielfältigen Angebot aufwarten kann. Die Kontrahierungs-, Distributions- und Kommunikationspolitik der Studios sind sich sehr ähnlich und vertreten somit auch die UNG im Gesamten. Das hohe Marktpotenzial unterstützt den Entschluss hier weitere Studios zu eröffnen. Für das Gesundheitsstudio und Functional Training spricht, dass in Dresden viele ältere Menschen leben und solche, die gegen die Büroarbeit mit Gesundheitssport präventiv wirken wollen. Das Damenstudio hat auch Erfolgschancen, da über 50% der Bevölkerung weiblich sind und es sich durch Rückbildungskurse, sowie Kinderbetreuung von Mitbewerbern abhebt.

Die größte Erfolgswahrscheinlichkeit hat das Mikro Studio. Functional Training gibt es in Dresden noch nicht als eigenständiges Studio und könnte somit neue und interessante Anreize für Sportinteressenten bieten.

Unsere Arbeitsgruppe hat sich dazu entschieden, dass alle Studios an den gewählten Standorten eröffnet werden sollen. Für das Damenstudio wurde eine familienfreundliche Lage gewählt, ein Gesundheitsstudio gibt es in der Umgebung noch nicht und hat viele Menschen in Arbeitsnähe, sowie Tourismus im Umfeld. Das Premium Studio liegt in der Nähe von teuren Hotels und hochwertigen Wohnanlagen und das Functional Training hat an seinem Standort keine Konkurrenz bei einer super zentralen Lage.

Die Zusammenarbeit in der Gruppe verlief nach Zeitplan und bei geforderter Aufgabenstellung wurden in Absprache gemeinsame Stichpunkte ausgearbeitet.

4   Literaturverzeichnis

Bannerheld.de (2018). *Zuletzt aufgerufen am 16.09.2018 um 16.00 Uhr:* https://www.bannerheld.de/?grp=WERBEBANNER

Dresdner Rückenzentrum (2018). *Zuletzt aufgerufen am 14.09.2018 um 10.00 Uhr:* http://www.dresdner-rueckenzentrum.de/

Dresden Satzung (2018). *Zuletzt aufgerufen am 16.09.2018 um 14.30 Uhr:* http://www.dresden.de/media/pdf/satzungen/satzung_sondernutzung.pdf

Dresden Satistik (2017). *Zuletzt aufgerufen am 30.08.2018 um 10:04 Uhr:*
http://www.dresden.de/de/leben/stadtportrait/statistik/wirtschaft-finanzen/kaufkraft.php
http://www.dresden.de/de/leben/stadtportrait/statistik/bevoelkerung-gebiet/Bevoelkerungsbestand.php
https://www.dresden.de/media/pdf/statistik/Statistik_1205_47_E2013_HW_nach_Lebensalter.pdf
http://www.dresden.de/de/leben/stadtportrait/statistik/wirtschaft-finanzen/arbeitslose.php
https://www.dresden.de/media/pdf/statistik/Statistik_1210_18-19_E2012_Dichte_nach_ST.pdf
https://www.dresden.de/media/pdf/statistik/Dresden_in_Zahlen_2017_I_Quartal.pdf

Dunker, Martin (2006): Marketing. 2.Aufl. Rinteln: Merkur (Das @Kompedium).

Flyeralarm.com (2018). *Zuletzt aufgerufen am 16.09.18 um 16.00 Uhr:* https://www.flyeralarm.com/de/shop/configurator/index/id/69#304=1002&305=998&306=999&307=1000

GfK GeoMarketing GmbH (Hrsg.). (2018). Kaufkraft als Städtevergleich. Zugriff am 11.September 2018 um 16.00 Uhr. Verfügbar unter https://www.dresden.de/media/pdf/statistik/Statistik_4810_Kaufkraft.pdf

John Reed Fitness (2018). *Zuletzt aufgerufen am 14.09.2018 um 10.00 Uhr:* https://johnreed.fitness/#/

Kotler, Philip; Bliemel, Friedhelm; Keller, Kevin Lane (2006): Marketing-Management. Strategien für wertschaffendes Handeln. 11., aktualisierte Aufl. München: Pearson Studium (Wi).

Meffert, Heribert; Burmann, Christoph; Kirchgeorg, Manfred (2012): Marketing. Grundlagen marktorientierter Unternehmensführung. 11., überarbeitete und erweiterte Aufl. Wiesbaden: Gabler.

Nieschlag, Robert; Dichtl, Erwin; Hörschgen, Hans (2002): Marketing. 19., überarbeitete und ergänzte Aufl. Berlin: Duncker und Humblot.

Sächsische Zeitung Online. *Zuletzt zugegriffen am 15.09.2018 um 16 Uhr:* https://www.sz-onli-ne.de/includes/Anzeigen/Mediadaten/preisliste_print/download/PLAktuell/PL09.pdf

Statistik der Bundesagentur für Arbeit & Kommunale Statistikstelle (Hrsg.). (2017). Arbeitslose nach ausgewählten Strukturmerkmalen und Altersgruppen 2017. Zugriff am 11.September 2018 um 16.00 Uhr. Verfügbar unter https://www.dresden.de/media/pdf/statistik/Statistik_4303_37-Arbeitsmarkt_struktur.pdf

5 Abbildungs- und Tabellenverzeichnis

5.1 Abbildungsverzeichnis

Abbildungsverzeichnis

5.2 Tabellenverzeichnis

Tabellenverzeichnis